George Washington

Pamela McDowell

SPANISH & ENGLISH eBOOKS
AV²
BY WEIGL™
ADDED VALUE • AUDIO VISUAL

www.av2books.com

El enriquecido libro electrónico AV² te ofrece una experiencia bilingüe completa entre el inglés y el español para aprender el vocabulario de los dos idiomas.

This AV² media enhanced book gives you a fully bilingual experience between English and Spanish to learn the vocabulary of both languages.

Spanish   **English**

Navegación bilingüe AV²
AV² Bilingual Navigation

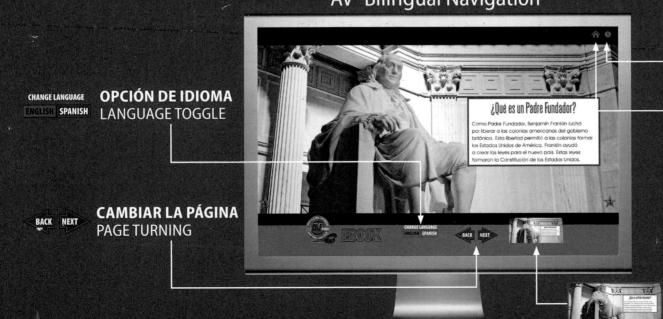

CERRAR
CLOSE

INICIO
HOME

OPCIÓN DE IDIOMA
LANGUAGE TOGGLE

CAMBIAR LA PÁGINA
PAGE TURNING

VISTA PRELIMINAR
PAGE PREVIEW

¿Qué es un Padre Fundador?

Como Padre Fundador, Benjamin Franklin luchó por liberar a las colonias americanas del gobierno británico. Esta libertad permitió a las colonias formar los Estados Unidos de América. Franklin ayudó a crear las leyes para el nuevo país. Estas leyes formaron la Constitución de los Estados Unidos.

ÍNDICE

3

¿Quién es George Washington?

George Washington fue uno de los Padres Fundadores de los Estados Unidos. También fue el primer presidente de los Estados Unidos. Marcó el camino hacia la construcción del nuevo país y su gobierno. A este hombre tan importante se lo suele llamar el Padre de Su País.

NEW YORK STOCK EXCHANGE

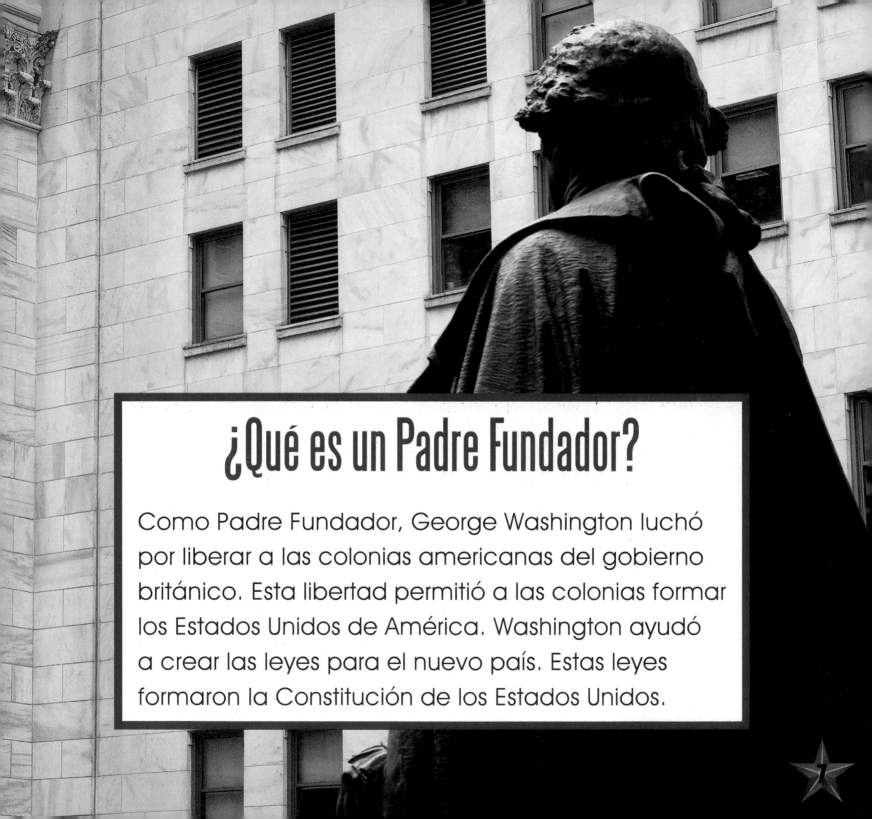

¿Qué es un Padre Fundador?

Como Padre Fundador, George Washington luchó por liberar a las colonias americanas del gobierno británico. Esta libertad permitió a las colonias formar los Estados Unidos de América. Washington ayudó a crear las leyes para el nuevo país. Estas leyes formaron la Constitución de los Estados Unidos.

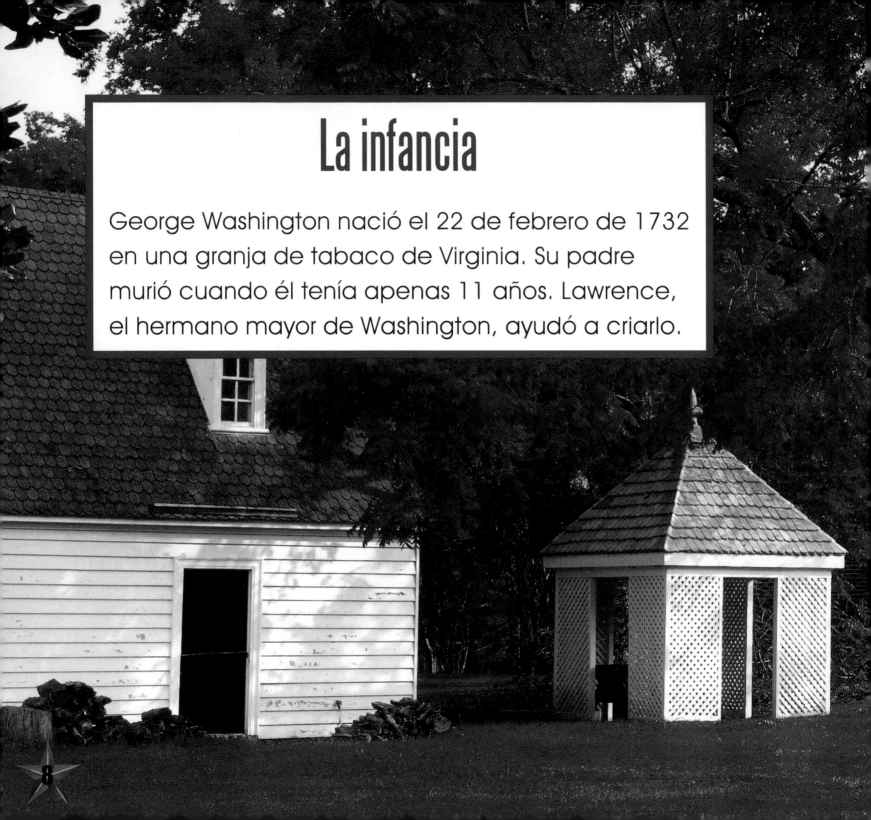

La infancia

George Washington nació el 22 de febrero de 1732 en una granja de tabaco de Virginia. Su padre murió cuando él tenía apenas 11 años. Lawrence, el hermano mayor de Washington, ayudó a criarlo.

Aprendiendo de los demás

George Washington admiraba a su hermano Lawrence. Lawrence le enseñó muchas cosas. Washington abandonó la escuela a los 15 años. Era muy bueno para las matemáticas. Un vecino adinerado ayudó a Washington a conseguir su primer trabajo. El trabajo consistía en medir las tierras.

La práctica hace a la perfección

Washington se incorporó al ejército cuando tenía 20 años. Washington era muy valiente. Aprendió a ser un líder. La gente confiaba en él. Le permitían dirigir a sus tropas. Sus esfuerzos lo convirtieron en el primer héroe de los Estados Unidos.

Hechos clave

Washington dirigió el ejército en la Guerra Revolucionaria Americana. Las colonias americanas peleaban contra Gran Bretaña. Las colonias querían tomar sus propias decisiones. No querían pagar impuestos a Gran Bretaña. Washington usó sus habilidades como líder. Esto ayudó a las colonias americanas a vencer a los británicos.

Problemas

La guerra contra Gran Bretaña no fue fácil. El ejército británico era más fuerte que el americano. George Washington perdió más batallas de las que ganó, pero nunca se rindió. Washington ganó la guerra en 1783.

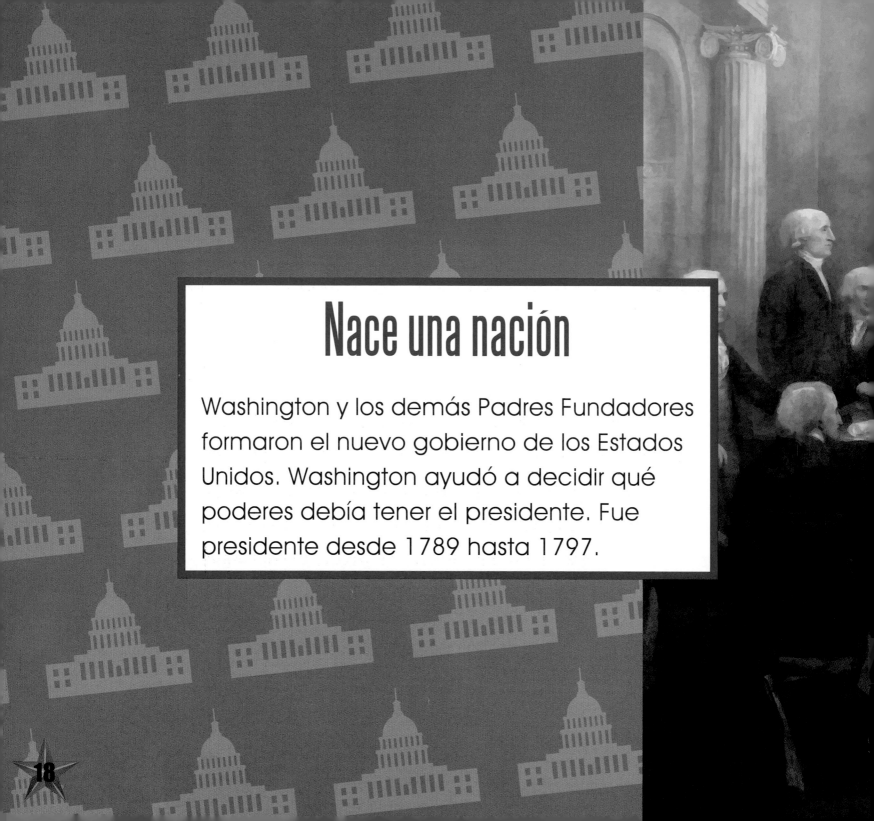

Nace una nación

Washington y los demás Padres Fundadores formaron el nuevo gobierno de los Estados Unidos. Washington ayudó a decidir qué poderes debía tener el presidente. Fue presidente desde 1789 hasta 1797.

George Washington hoy

George Washington es una de las personas más importantes de la historia estadounidense. La capital de los Estados Unidos lleva su nombre. El billete de 1 dólar lleva la imagen de Washington desde 1869. El Monumento Nacional del Monte Rushmore rinde honor al primer presidente.

DATOS SOBRE GEORGE WASHINGTON

Estas páginas contienen más detalles sobre los interesantes datos de este libro. Están dirigidas a los adultos para que ayuden a los jóvenes lectores a redondear sus conocimientos sobre cada figura histórica presentada en la serie *Padres Fundadores*.

Páginas 4–5

¿Quién es George Washington? Después de su temprana carrera militar, Washington se dedicó a la política. Era un líder natural con una gran capacidad para inspirar a los demás. Estas habilidades le fueron muy útiles durante la Guerra Revolucionaria Americana, donde asumió el rol de comandante en jefe del Ejército Continental.

Páginas 6–7

¿Qué es un Padre Fundador? Los Padres Fundadores de los Estados Unidos de América desempeñaron un papel fundamental en la creación del país. Si bien no hay requisitos específicos para pertenecer a este grupo de elite, un Padre Fundador es, típicamente, una persona que estuvo involucrada, o que contribuyó con alguno de los hechos que permitieron fundar los Estados Unidos. Estos hechos son la Revolución Americana, la creación y firma de la Declaración de la Independencia y la Convención Constituyente, en la que se redactó la Constitución de los Estados Unidos.

Páginas 8–9

La infancia. Washington nació el 22 de febrero de 1732 en la plantación de tabaco de su padre en el Condado de Westmoreland, Virginia. Después de la muerte de su padre, cuando Washington tenía 11 años, su hermano mayor, Lawrence, se convirtió en su mentor. Lawrence se ocupó de la educación de Washington y lo ayudó mucho después de finalizar su educación formal, a los 15 años.

Páginas 10–11

Aprendiendo de los demás. A través de Lawrence, Washington ingresó a la alta sociedad y obtuvo otras ventajas. Una familia vecina adinerada lo ayudó e influyó mucho en su juventud. Gracias a ellos, comenzó una carrera como agrimensor en las regiones fronterizas de Virginia. Más tarde, ya en el ejército, Washington demostró tener un gran potencial y fue rápidamente promovido.

La práctica hace a la perfección. Washington ingresó al ejército de Virginia a los 20 años. Por su integridad, valentía y éxito en las primeras batallas territoriales, fue subiendo de rango. Más tarde, como jefe del Ejército Continental de la Guerra Revolucionaria, Washington y sus hombres tuvieron muchas dificultades y sufrieron varias derrotas.

Hechos clave. En 1758, Washington se retiró de la milicia y fue elegido para integrar la Cámara de Representantes de Virginia. Durante los años siguientes, su resentimiento por la interferencia británica en los asuntos coloniales fue creciendo cada vez más. Gracias a su excelente liderazgo militar en la Guerra Revolucionaria, Washington tuvo un difundido reconocimiento.

Problemas. Washington tuvo serias desventajas como líder militar en la Guerra Revolucionaria Americana. Tenía muchas menos tropas, menos artillería y sus hombres tenían mucho menos entrenamiento que las tropas británicas. Contra todas las vicisitudes, las fuerzas de Washington vencieron en Yorktown, Virginia en 1781, pero oficialmente no hubo paz hasta 1783, cuando Estados Unidos, Francia, España y Gran Bretaña firmaron los tratados de París.

Nace una nación. Washington fue clave para la creación del país en el que viven los estadounidenses hoy. Sus habilidades en el campo de batalla solo se comparaban con su pasión por crear un gobierno nuevo y eficaz. Washington ayudó a redactar la Declaración de Derechos. Él veía cómo se abusaba del poder. Sus aportes a la estructuración de las responsabilidades y los privilegios de la presidencia fueron invalorables. Washington es reconocido como uno de los más grandes líderes de la historia estadounidense.

George Washington hoy. El nombre y la imagen de Washington se ven por todo Estados Unidos. La capital de la nación, Washington, D.C., lleva su nombre y también alberga el Monumento a Washington. El estado de Washington, junto con muchas otras ciudades, también lleva su nombre. El billete de un dólar tiene la cara de Washington. Es uno de los cuatro presidentes esculpidos en la roca del Monumento Nacional del Monte Rushmore de Dakota del Sur.

¡Visita www.av2books.com para disfrutar de tu libro interactivo de inglés y español!
Check out www.av2books.com for your interactive English and Spanish ebook!

1 **Entra en www.av2books.com**
Go to www.av2books.com

2 **Ingresa tu código**
Enter book code

J349842

3 **¡Alimenta tu imaginación en línea!**
Fuel your imagination online!

www.av2books.com

Published by AV² by Weigl
350 5th Avenue, 59th Floor New York, NY 10118
Website: www.av2books.com   www.weigl.com

Library of Congress Control Number: 2014950004

ISBN 978-1-4896-2793-3 (hardcover)
ISBN 978-1-4896-2794-0 (single-user eBook)
ISBN 978-1-4896-2795-7 (multi-user eBook)

Printed in the United States of America in North Mankato, Minnesota
1 2 3 4 5 6 7 8 9 0   18 17 16 15 14

112014
WEP020914

Project Coordinator: Jared Siemens
Spanish Editor: Translation Cloud LLC
Designer: Ana María Vidal